LA FRANCE A VENIR

PAR

LES VRAIS PRINCIPES

ÉCONOMIQUES ET POLITIQUES

(République protectionniste)

Par ROUSSINET

———

Prix : 1 franc.

———

PARIS

E. LACHAUD, ÉDITEUR

4, PLACE DU THÉATRE-FRANÇAIS, 4.

—

1872

LA FRANCE A VENIR.

Typographie Pessez et C°. — Vitry-le-François (Marne).

LA FRANCE A VENIR

PAR

LES VRAIS PRINCIPES

ÉCONOMIQUES ET POLITIQUES

(République protectionniste)

Par ROUSSINET.

PARIS

E. LACHAUD, ÉDITEUR

4, PLACE DU THÉATRE-FRANÇAIS, 4.

—

1872

AVERTISSEMENT.

Nous aurions laissé dans l'oubli ces quelques pages, écrites depuis trop de temps dejà — celles sur le libre-échange étaient aux mains de l'imprimeur quand la guerre éclata, — nous les aurions, disons-nous, laissées dans l'oubli qu'elles méritent, si l'un de ces jours nous n'avions appris qu'une Ligue, dite du libre-échange se forme en ce moment en France ; se composant bien entendu d'industriels et d'économistes : — Compère et compagnon! cela s'entend.

Il y a donc deux ligues qu'il faut combattre et abattre : celle-ci et la ligue monarchique. Toutes les deux en effet nous sont également funestes.

RÉPUBLICAINS — MAIS PAS LIBRES-ÉCHANGISTES ; — PROTECTIONNISTES — MAIS PAS MONARCHISTES. Tel doit être le mot d'ordre. Et j'ose dire que tant qu'on ne saura ou ne voudra pas s'y rallier, on n'arrivera à rien.

Car en effet si la protection ou la prohibition nous mènent à la féodalité terrienne, le libre-échange nous mène aussi sûrement à la féodalité industrielle. Où est alors le bénéfice ? Ne voilà-t-il pas une belle doctrine, qui, pour tout progrès, substitue à un mal un mal pareil, sinon pire ? Qu'on sache une chose. C'est que, quoi qu'on fasse, quelque doctrine économique qu'on adopte, on n'empêchera jamais que la richesse ne s'accumule d'un côté, tandis qu'elle se disperse de l'autre. Seulement, pour faire contre-poids à cette fatalité économique, il faut lui opposer la liberté politique. Je m'explique : Ne donner aucun titre à la richesse, et qu'elle soit citoyenne, ni plus ni moins que la pauvreté.

LIBRE-ÉCHANGE

ET

AGRICULTURE.

CHAPITRE Ier.

L'épée est tirée entre le libre-échange et l'agriculture ; pour parler plus exactement, entre le consommateur et le producteur. Qui sera vaincu ?

I.

1° Il n'y a pas de loi contre la loi. Or la loi, ici, est que, s'il n'y avait pas de producteurs, il n'y aurait pas de consommateurs : si rien n'était produit, rien ne pourrait être consommé. Par conséquent, le producteur est la loi, et l'autre est sujet de la loi. Il ne peut rien contre elle ; il ne peut la détruire, puisqu'il se détruirait lui-même.

Voilà donc déjà, de par la loi ou l'ordre

naturel, le libre-échange reconnu impuissant. Voyons dans l'ordre social.

2° On sait que, dans la société, la liberté ne vient qu'en suite de l'égalité.

Libre-échange, cela résulte du terme même, c'est donc la mise en pratique de la théorie égalitaire.

Avant donc de déclarer le libre-échange, il faut savoir d'abord si l'égalité est possible. L'est-elle ? Non !

Dès le premier pas, voilà le libre-échange renversé.

II.

Nous posons donc en règle générale, que le libre-échange ne peut exister qu'à la condition que tous les peuples produisent et consomment autant les uns que les autres (1).

1. C'est la production qui fait la richesse. Si donc un peuple produit plus que l'autre, tout en ne consommant qu'autant, il est plus riche que l'autre et par conséquent il l'écrase dans l'échange ;

2. Si un peuple consomme plus que

(1) Le nombre d'individus ne fait rien à la chose. Pourvu que chaque Suisse, par exemple, produise et consomme autant que chaque Russe, les deux nations seraient dans la règle. Mais ce ne sera pas de sitôt que le libre-échange nous fera voir de telles merveilles.

l'autre tout en ne produisant qu'autant, il est plus pauvre que l'autre et, dans l'échange encore, il est écrasé par lui.

III.

Le libre-échange ne pouvant devenir une loi générale rentre dans la catégorie des lois *particulières* à chaque nation, et, *comme tel*, peut être avantageux ou nuisible selon les cas que nous allons dire.

1. Si une nation produit plus qu'elle ne consomme, elle a intérêt au libre-échange pour écouler cet excès de production.

2. Au contraire, si elle consomme plus qu'elle ne produit, elle doit recourir à la prohibition.

Mais il y a, dans ces deux cas, à distinguer la nature des produits.

(A) Si, par exemple, la France produit en denrées de première nécessité plus ou beaucoup plus qu'il ne lui faut, le libre-échange est de mise, et, dans le cas contraire, la protection.

(B) Si un peuple ne produit ou ne possède que des objets de seconde nécessité, comme par exemple les habitants des côtes de la mer, qui n'ont d'autre ressource que la pêche du poisson, du corail, coquillages, etc., comme en définitive, il faut bien pour vivre qu'ils écoulent ces produits à tel prix que ce soit, le libre-échange est leur loi naturelle.

(C) Les peuples purement industriels sont dans le même cas, de même que ceux qui sont plus industriels et commerçants qu'agriculteurs.

Par ces deux derniers exemples, on voit que le *libre-échange est la loi naturelle des peuples qui s'occupent des objets de seconde nécessité, c'est-à-dire des peuples* LES MOINS UTILES.

CHAPITRE II.

Les peuples se développent en trois époques bien distinctes.

D'abord, ils sont agriculteurs, — c'est l'époque de leur force.

Ensuite, ils sont industriels, — époque de décroissance (1).

(1) On peut même dire que l'humanité en général suit la même progression déclinante, si l'on peut ainsi parler, que chaque peuple pris isolément. Ainsi, par exemple, nul doute que les premiers peuples n'aient été agriculteurs : combien de temps cet état dura-t-il ? Nous l'ignorons. Toujours est-il que c'est à mesure que s'accrut l'industrie, que l'agriculture s'est amoindrie, que la terre est devenue déserte, et que finalement les premiers peuples ont disparu. L'Afrique et l'Asie sont là pour le prouver. Mais, pour l'époque ancienne, le mal était moins grand que de nos jours. Si un continent s'épuisait, les peuples le quittaient et passaient

Enfin, ils deviennent purement artistes, — c'est l'époque de leur décadence, de leur chute.

I.

Epoque agricole, ou de force. Il n'est pas besoin de s'étendre longuement sur ce sujet pour en montrer la vérité. Les peuples sont d'abord agriculteurs, puisque, tout venant de la terre, il faut bien que premièrement, pour vivre, ils la cultivent. Quant à la force, il ne faudrait pas longtemps non plus pour prouver que, sous le rapport physique ou moral, les classes agricoles

sur un autre : après l'Asie, l'Afrique ; après celle-ci l'Europe ; comme après l'Europe, l'Amérique probablement. Déjà, en effet, le fait se vérifie. Où l'Europe envoie-t-elle, aujourd'hui, son *trop-plein* de population ? ce n'est ni en Asie, ni en Afrique, mais bien au Nouveau-Monde.

Mais l'Amérique est le dernier des continents : Ce sera donc là, quand l'Europe sera épuisée à son tour, la dernière station, le dernier refuge de la race humaine. Si bien que, quand ce dernier refuge sera aussi épuisé, et il le sera d'autant plus tôt que toutes les autres nations s'y rendent, on peut se demander ce que deviendra l'humanité elle-même.. A moins que le temps n'ait rendu aux continents anciens, l'Asie ou l'Afrique, leur première fécondité, et ne donne ainsi à notre espèce le moyen de recommencer le cycle qu'elle a déjà parcouru, il n'est pas besoin d'être prophète pour dire qu'elle devrait finir.

Et elle aura fini par l'industrie. Car enfin on ne peut pas nier que le monde entier, l'Europe surtout, ne soit aujourd'hui au *suprême* degré de cette époque de *décroissance*.

L'industrie est comme le simoun, qui arrache le dernier brin d'herbe du désert.

sont les plus robustes. Et, puisque à la première époque les peuples sont formés de cette classe, ils sont forts.

Il est à remarquer que l'agriculture se rencontre particulièrement sous deux sortes de gouvernements les plus opposés : le républicain et le despotique. Avec cette différence que, dans les républiques, l'agriculture est recherchée comme étant la profession la plus libre ; tandis que, dans les gouvernements despotiques, la terre passant toute aux mains des nobles, du clergé et de la cour, qui vivent à rien faire, l'agriculture est le fait du restant de la nation, des esclaves qui travaillent pour nourrir les autres.

Aussi la force, dans les républiques, est-elle plus grande que dans les états despotiques et se conserve plus longtemps. Dans les républiques, l'agriculture étant, comme nous venons de le dire, la profession la plus libre, la force qui en découle se renouvelle, se perpétue, parce qu'elle est en rapport avec l'institution même du gouvernement. Dans les gouvernements despotiques, au contraire, la force, dérivant de l'esclavage, diminue à proportion que l'esclavage augmente. Car on sait que, plus il y a d'esclaves dans un Etat, plus il est faible.

Donnons des exemples de tout ceci.

La république romaine était essentiellement agricole : elle dure 500 ans et devient la maîtresse du monde. Et c'est quand la terre devient la propriété de quelques-uns seulement, c'est-à-dire des nobles, que l'empire devient possible, et que Rome court à sa perte.

A Sparte, il est vrai, les choses se passaient autrement. Les Spartiates ne travaillaient pas la terre, mais ils avaient les Hilotes (des vaincus) qui la travaillaient pour eux. Et puis, on sait que les Spartiates vivaient de peu.

La République américaine est déjà et ne peut manquer de devenir, avec son immense territoire, essentiellement agricole.

Mais est-ce que notre République de 1792, qui vainquit l'Eupope, n'était pas composée de paysans?...

Quant à ce que nous avons dit de l'agriculture sous les gouvernements absolus ou despotiques, les gouvernements à esclaves, il suffit de voir l'empire romain, que nous avons déjà cité, — la France avant 89, — et la Russie aujourd'hui.

II.

Epoque industrielle ou de décroissance. L'industrie, elle, va de pair avec les gouvernements constitutionnels, parce que ces gouvernements, faits pour suivre les fluctuations de l'opinion, sont de la même nature que l'industrie, qui doit se plier aux caprices de la mode.

Les individus ou les peuples qui n'ont aucune fixité dans les opinions sont ceux sur lesquels il ne faut point compter, ils ne méritent même aucune confiance.

Nous allons voir comme tout se lie dans les choses de ce monde.

Nous avons dit au précédent chapitre (division III) que le libre-échange est la loi naturelle des peuples industriels ou des moins utiles : quand un peuple, après avoir passé par l'époque agricole, arrive à l'époque industrielle, nous voyons, en effet, se produire le libre-échangisme et le constitutionnalisme. — Témoins aujourd'hui la France et l'Angleterre.

Quand les nations en viennent à trouver la terre trop lourde, elles se rejettent dans l'industrie et le luxe qui l'alimente. Et alors le résultat ne se fait pas attendre. Les dix ans que nous venons de passer ne l'ont que trop prouvé.

III.

Epoque artistique ou de décadence. De même que, quand les peuples trouvent la terre trop lourde, ils prennent la lime et le marteau ; de même, après ces outils-là, ils prennent la plume, le burin, et le pinceau. En un mot devenus trop mous ou trop fainéants pour les travaux les plus rudes, mais les plus utiles, ils finissent, de degré en degré et de chute en chute, par devenir écrivains , orateurs , savants , peintres : pour tout dire d'un mot, saltimbanques.

Incapables de produire leurs moyens de subsistance, ils tombent.

— En résumé, l'époque industrielle ou de libre-échange entame l'époque agricole et commence la ruine de l'Etat, et l'époque artistique achève ce que l'autre a commencé.

CHAPITRE III.

Nous disons que l'époque industrielle entame l'époque agricole, et quand on le reproche aux libres-échangistes ils répondent : « C'est en Agriculture surtout qu'il faut savoir se retourner ; la laine, par exemple est bon marché, faites de la viande ! » Et là-dessus, les protectionnistes restent bouche close.

Or, là-dessus le moindre paysan riposterait de la sorte.

I.

1º Vous nous dites *faites de la viande.* Mais, pour faire de la viande, il faut des prairies ; et pour faire des prairies il faut de l'engrais : et avec quoi voulez-vous que je fasse de l'engrais si, en mettant la laine à 25 sous, vous m'obligez à me défaire de mes moutons. Car vous saurez que, surtout dans les pays secs, c'est le mouton qui premièrement fournit l'engrais, sans lequel il n'y a pas, là plus encore qu'ailleurs, de culture possible. Quand donc vous nous réduisez à nous défaire de nos moutons, non-seulement — cela va sans dire — nous ne pouvons faire de viande, mais, de plus, vous nous obligez à abandonner notre culture.

2º Mais il y a plus. En chassant le mouton des pays secs, où il est le plus sain, le plus robuste, et où la laine est la meilleure, à tel point que c'est là que les autres pays viennent faire ce qu'on appelle la *remise,* vous l'obligez à descendre dans les pays à prairies naturelles, pays bas et humides par conséquent, et où le mouton contracte des maladies qui, cela n'est pas rare, enlèvent des troupeaux tout entiers. Si bien que la *vraie source,* si je puis dire, du mouton n'existant plus, et la race des basses plaines ne pouvant plus s'y venir retremper, on finira bientôt par ne plus avoir que quelques échantillons de cette race dégénérée, et conséquemment, dans un avenir plus ou moins prochain, *le mouton disparaîtra.*

3° Puis, pour couronner l'œuvre, quand nous n'aurons plus que quelques laines des basses plaines, ou que nous n'en aurons plus du tout : dans tous les cas, ne pouvant plus lutter contre la concurrence étrangère, nous verrons alors Messieurs les Anglais et Australiens venir nous vendre leurs laines au prix qu'ils voudront. Et voilà où nous conduit la belle science de nos libres-échangistes !

En vérité n'est-ce pas le cas de dire que 99 moutons et un libre-échangiste font le compte rond ?

II.

La même chose existe pour le blé. Déjà les terres de moindre qualité, qu'on avait cultivées par suite du bon prix des céréales, sont abandonnées — et elles le seront de plus en plus au fur et à mesure que le mouton disparaîtra — depuis la baisse produite par le libre-échange. Pour peu que cette doctrine continue à porter ses fruits, il n'y aura plus d'exploitées que les meilleures terres, les terres de choix. Et ainsi l'agriculture retournera où elle en était avant 1789. Mais la population ayant augmenté d'un tiers depuis cette époque, les meilleures terres, dès lors, ne suffisant plus à l'alimentation publique, il faudra recourir à l'étranger.

Voyez encore nos toiles, dites de ménage. Nous achetons à bon marché des toiles fines, mais sans résistance au travail. Et nous ne semons plus de chanvre. Quand nous en aurons entièrement abandonné la culture, on nous vendra ces toiles deux ou trois fois plus cher qu'aujourd'hui. Et nous serons obligés de passer par là, au moins pour un temps, jusqu'à ce que nous retournions à la culture du chanvre.

Et nos fers ! On en a beaucoup parlé, sans en avoir tout dit. — Depuis l'introduction des fers anglais, qui nous ont fait abandonner nos fers au bois, nous voyons des cercles de roues s'érailler sous des charges de six ou huit mille. Si l'on chargeait comme autrefois de quinze ou dix-huit mille, ils s'étendraient probablement comme du beurre (1).

Et la clouterie ! — Si vous démolissez vos vieux greniers de l'autre siècle, prenez-m'en les vieux clous, tout rouillés ou ron-

(1) Quant aux fers anglais, il suffit, pour savoir ce qu'ils valent, d'interroger nos vieux maréchaux, ceux qui ont travaillé nos anciens fers.

gés, et mettez-les près de nos pointes
de nouvelle fabrique ; ils les feront encore plier, plier, non, car elles cassent
comme du verre.

III.

Les libres-échangistes font encore grand
bruit, en compensation de nos pertes, de
la hausse des vins. Et, sur ce point, les
protectionnistes ont encore perdu l'équilibre... Le sujet y prêtait. Quoi qu'il en
soit, pour tenir tête à leurs adversaires, ils
auraient pu dire ceci :

La première chose à faire pour un Etat est
de pousser à la production des denrées de
première nécessité : et le blé seul est dans
cette condition. Car enfin, vous auriez beau
avoir du vin plein vos caves, si vous n'a-
viez pas de pain, vous n'en seriez pas plus
solides sur vos jambes ; au contraire. Si
donc, par la *hausse du vin*, et la *baisse* (1)
du blé, vous poussez à la production du
vin, vous couvrez la France de vignes. Et
croyez-vous que dans cet état elle puisse
aller loin ?

— Naturellement on a cité aussi les objets
de luxe. Nous avons dit tout à l'heure (chap.

(1) Baisse en production ou quantité, bien entendu.

III) ce que nous avions à en dire. C'est encore pire que pour le vin.

Enfin ces graves libres-échangistes nous entretiennent... savez-vous de quoi? Des reines-claude et des mirabelles! C'est cela. Quand nous ne serons plus cultivateurs, nous nous ferons jardiniers. Si nous n'avons plus de pain, nous nous rabattrons sur les confitures !

CHAPITRE IV.

Sully, ministre de Henri IV, ne s'occupait pas des mirabelles.

I.

Comme il faut absolument qu'avant de passer au dessert, le corps des nations, comme celui des individus, commence par des aliments plus solides ; et comme, pour s'assurer ces aliments, il faut commencer par les produire soi-même, afin de n'avoir pas *recours à l'étranger ;* et comme enfin c'est l'agriculture seule qui les produit : Sully, qui savait tout cela, protégeait l'agriculture. Il disait que labourage et pâturage étaient les deux mamelles de l'Etat et la source de toute richesse. Et, en effet, partant de ce principe et l'appliquant, il mit, avec son maître, l'ordre dans l'Etat, et parvint à payer nos dettes, qui n'étaient déjà pas minces en ce temps là.

Il serait bien à propos que Sully revienne.

II.

Nos hommes d'Etat, en effet, ne lui ressemblent guère.

Depuis une cinquantaine d'années, on a fait une prodigieuse consommation de ministres. Y a-t-il eu un seul homme d'Etat ? un seul ? L'homme d'Etat est celui qui fonde quelque chose d'utile et de durable : qu'est-il resté de cette consommation de ministres ? La consommation de la France.

III.

Et il n'y a pas lieu d'en être trop surpris. Un ministre aujourd'hui est obligé d'employer à fabriquer ses discours le temps que les autres mettaient à travailler. Depuis que les Français sont devenus de *précieux parleurs*, il leur faut des bavards pour députés.

Que n'y mettent-ils leurs femmes ?

Mais nous retomberions peut-être encore plus avant dans le libre-échange.

IV.

Je doute aussi qu'elles s'occupassent beaucoup à payer nos dettes. Et, en vue d'entretenir un grand roulement de fonds, les valeurs mobilières et l'argent seraient conservés nets d'impôts. Ces dames en un mot se mettraient fort du côté des industriels, des banquiers et des prêteurs. Bien des gouvernements leur ressemblent, et n'en font pas mieux.

Pourquoi, par exemple, s'opposer à l'impôt sur l'argent. On donne là-dessus plusieurs raisons. Les principales sont que, si cet impôt existait, l'argent se cacherait et deviendrait plus cher : ce serait un encouragement à l'usure ; le cultivateur ne trouverait plus à emprunter ; ralentissement de l'industrie ; et, conséquence plus grave, baisse des fonds publics.

Tout cela ne signifie rien.

Quant à ce que l'argent se cacherait, il est possible qu'il y eût un temps d'arrêt. Mais ce serait de peu de durée. L'argent ne peut vivre longtemps caché ; il faut qu'il circule. Le capitaliste, si riche qu'il soit, n'aime pas manger le mouton, et, pour que la laine repousse, il faut bien qu'il donne à ses fonds leur emploi naturel, qui est le prêt. L'impôt sur l'argent ne serait pas plus sensible que l'impôt sur la terre. Quand on achète un champ, on sait qu'il est imposé, et on l'achète tout de même. Irez-vous dire qu'on cracherait sur l'argent sous prétexte qu'on paierait, pour le faire valoir, un droit de propriété ? si vous soutenez que, pour échapper à l'impôt, l'argent se convertirait en terre : tant mieux alors. Ce serait justement le remède qu'on cherche : le retour à l'agriculture.

L'objection que le cultivateur ne trouverait plus aussi facilement à emprunter n'est pas plus solide. Mais admettons pour un moment qu'elle soit vraie, et plaçons-nous à ce point de vue. — Je dis d'abord que *si l'argent payait impôt, le cultivateur aurait moins besoin de recourir à l'emprunt.* Ces deux vérités se tiennent l'une l'autre sans qu'on puisse les séparer. Si l'argent payait, la dette de l'état se paierait aussi ; si cette dette se payait, le cultivateur serait moins chargé d'impôts ; et s'il était moins chargé, il aurait moins besoin d'emprunter. Exemple : J'ai pour un million de terre, vous avez pour un million en espèces ; et l'état doit vingt mille francs. Je paie pour ma terre 2,000 fr. par an ; vous ne payez rien. C'est donc moi seul qui suis chargé de la dette, et *deux* mille francs par an *suffisent* pour en venir à bout.

Or, si, puisque vous êtes aussi riche que

moi, vous payiez comme moi, vous seriez chargé de 1,000 fr. et moi déchargé de 1,000, et la dette se couvrirait tout aussi bien. Payant 1,000 fr. de moins, je ferais mieux mes affaires, et aurais *moins besoin d'emprunter*. Sans compter que vos mille francs ne vous coûteraient pas plus que les mille miens. Au contraire, puisque votre million vous donne 40 on 50,000 fr., tandis que le mien ne me rapporte que 20 à 25,000. Sans compter encore que vos revenus, c'est moi, mon travail, ma terre, ou celle de mon voisin qui vous les paient.

Voyons pour la baisse des fonds publics. Si l'argent payait comme la terre, si vous payiez comme moi vos deux mille francs par an, la dette de l'Etat, ayant un gage de plus, n'en serait que plus solide. Or, qu'est-ce qui fait le crédit d'un particulier, c'est qu'il peut payer ses dettes. Il en est de même de l'Etat. La rente étant ainsi assurée, tout le monde en voudrait avoir, et les cours ne feraient qu'augmenter par conséquent. Cela est d'ailleurs une vérité à la Lapalisse. En voici une qui n'est pas du même genre.

Un pauvre diable a quatre ou cinq bouts de champ valant mille francs, il paie pour 2 fr. d'impôt au Trésor. Vous avez trois cent mille francs de rente sur l'Etat, et vous ne payez pas un sou....

Si l'on trouve cela juste, je laisse la parole aux femmes.

CHAPITRE V.

Et je retourne à Sully.

J'imagine que, s'il revenait, il ne nous ferait pas aujourd'hui de longs compliments. Mais aussi, sans perdre le temps en jérémiades, il nous dirait : Enfants, vous êtes bien bas. Pour vous relever il n'y a qu'un moyen : soignez la production de votre sol ; pnisque, sans cela, point de monnaie. Car vous savez tous que l'argent par lui-même, par lui seul, est sans valeur : si la terre ne produisait rien, l'or ne vaudrait pas mieux qu'un caillou. Donc, faites produire à votre sol plus que vos voisins, et, par-là, vous les écraserez sur le marché, et, par-là, leur monnaie vous reviendra. C'est le secret d'aujourd'hui, comme d'ailleurs de tout temps.

Pour cela, concentrez le travail sur l'agriculture. Un peu moins d'industriels et de commerçants, dont les fils ne sont propres qu'à faire des gens en place, des gens de lettres, des avocats, des juges ; des espèces de savants et d'ingénieurs, libres-échangistes... que sais-je, moi ? enfin des politiciens d'arrière-boutique qui ne font qu'embrouiller la chose publique. Serrons le frein à tout cela.

Arrière cette *pantinocratie*, posée, parée, décorée même souvent... sans doute pour son inutilité. Et, surtout, lorsque nous nous occupons d'agriculture, qu'ils n'y viennent pas fourrer leur nez, car ils sont la peste de l'agriculture, après avoir été la ruine de la nation.

Ainsi dirait Sully, et il dirait juste.

I.

Avant de donner des lois économiques à une nation, il faut déterminer le prix de revient du blé, pour savoir à combien il doit être vendu. — Et pour être au juste renseigné sur ce point, il ne faut pas s'adresser aux cultivateurs, qui, toujours portés à se faire plus riches qu'ils ne sont, enflent la production de leurs terres, mettent par là le prix de revient au-dessous de ce qu'il devrait être en effet, et travaillent ainsi à leur détriment. Si, par exemple, vous dites que votre champ vous a fait 6 quintaux, tandis qu'il ne vous en a rendu que 4, vous donnez à entendre que votre blé vous revient un tiers meilleur marché qu'il ne vous revient réellement. Cela res-

semblerait assez à une manœuvre qui aurait pour objet, le bruit d'abondantes récoltes étant répandu, d'empêcher le commerce ou le gouvernement de recourir à
l'importation, afin que le déficit venant
tout à coup à se déclarer, le blé augmentât
de prix. Je ne sais si, en réalité, c'est un
calcul ; mais, dans tous les cas, je vois
peu de cultivateurs qui en profitent.

Pour revenir à notre sujet, nous posons
pour premier point que le prix de revient
du blé est de 33 fr. le quintal. Et c'est ce
que nous allons prouver.

II.

(A) Dans les terres fortes, les meilleures
pour le blé, il faut trois fois autant de frais
de culture que dans les terres légères, mais
il faut une fois moins d'engrais. Dans les
terres légères donc, c'est le contraire : une
fois plus d'engrais et trois fois moins de
frais de culture. Il y a donc dans les terres
fortes, par l'emploi du triple d'animaux de
trait, surabondance d'engrais, et dans les
autres, disette.

(B) Les terres fortes sont à 3,600 fr. l'hectare, les autres à 1,200 fr.

(C) Le rendement : il est égal.

Comptons maintenant.

$$\left.\text{Un hectare}\atop\text{terre forte.}\right\} \begin{array}{l}\text{Achat, 3,600 fr., soit de rente.....} \quad 180 \text{ fr.}\\ \text{Frais de culture.................} \quad 75\\ \text{Fumure......................} \quad 280\\ \text{Impôt.......................} \quad \underline{15}\\ \qquad\qquad\qquad\qquad\qquad\qquad 470 \text{ fr.}\end{array}$$

Un hectare terre forte.
Achat, 3,600 fr., soit de rente..... 180 fr.
Frais de culture................. 75
Fumure...................... 280
Impôt....................... 15
____
470 fr.

Un hectare terre légère.
Achat 1,200 fr., soit de rente...... 60 fr.
Frais de culture................. 25
Fumure...................... 400
Impôt 6
____
491 fr.

On voit que les meilleures terres perdent en frais d'achat, culture et impôt ce qu'elles gagnent en engrais, et les autres perdent sur l'engrais ce qu'elles gagnent de l'autre côté.

(Bien entendu que ce compte est fait d'une manière générale et ne s'applique pas à tel ou tel pays, où les variations peuvent se rencontrer plus ou moins tranchées.

III.

Nous pouvons maintenant par le rendement voir quel est le prix de revient.

Un hectare produit aujourd'hui 18 hectolitres, les frais étant 470 et 491, soit en moyenne 480 fr., cela nous met l'hectolitre à 26 fr. ou le quintal à 33.

Faites votre compte comme vous voudrez, c'est là le prix de revient ; et, quand le blé se vend au-dessous, le cultivateur est en perte.

Vous direz : mais il ne vend pas que du blé ; il a en plus orge, avoine, pommes de terre, laine, etc., etc. Nous savons tout cela aussi bien que vous. Mais, d'un côté, toutes ces récoltes comprises, de même que, de l'autre, la hausse persistante des bestiaux (1), chevaux, harnais, équipages, et surtout de la hausse de la main d'œuvre, sans compter grêles, gelées, épizootie, etc.; tout cela, disons-nous, examiné et balancé se résout en un seul point, et c'est celui que nous avons dit.

D'ailleurs, les récoltes dont vous parlez ne sont, pour ainsi dire, qu'accessoires. Quand le blé atteint son prix de revient, elles font le bénéfice du cultivateur, et quand il se tient à ce prix ou au-dessous, elles ne font que le couvrir, comme cela s'est vu depuis le libre-échange.

IV.

Quand le blé est cher, tout est cher, est une vérité certaine.

---

(1) On dira peut-être encore ici, comme pour le mouton, la viande de boucherie est chère, faites de la viande. C'est encore un raisonnement à la La Roquette. Si les vaches grasses sont chères, les maigres le deviennent dans la même proportion. Par exemple, j'en vends une grasse 400 fr., je l'ai payée maigre 280. Il y a trente ans, je l'aurais vendue 200 fr. et payée 80 fr. Le bénéfice n'a donc pas augmenté, au contraire, puisqu'il me faut une plus grande mise de fonds.

Et quand tout est cher, ce n'est pas, pour un Etat, un signe de prospérité, est une vérité aussi certaine.

Or, comment ne voit-on pas que si, absolument, il faut que le blé soit à 33 fr., pour que le cultivateur se tire d'affaire, ce prix étant, pour le consommateur, trop élevé, cela indique une situation économique mauvaise ?

La cherté vient de deux causes : ou que la production manque, ou que la marchandise file *librement* à l'étranger. Et cela pour le blé comme pour autre chose.

Si c'est la production qui manque (je parle de blé), cela ne peut venir que du manque de bras ou de ce qu'on emploie la terre à des cultures de seconde nécessité, comme par exemple la betterave ou la vigne. Et la faute en serait à l'industrialisme et au libre-échangisme. (Chap. III, division III.)

Si c'est parce que la marchandise file sans droit de sortie, il faut rétablir ce droit. Ce à quoi s'oppose, cela va sans dire, encore le libre-échange...

Je vous dis que les libres-échangistes nous font autant de mal que les monarchistes.

Ah ! il est une marchandise qu'ils devraient échanger un peu plus, c'est le sens commun.

V.

Par exemple ils nous disent, les échangistes, à la tribune ou dans leurs livres, que « le libre-échange est un stimulant ; en face de la concurrence, le travailleur, le producteur sent croître son énergie, et double son travail. »

Sans doute il faut admettre que la liberté est l'instigatrice du progrès chez les peuples ; mais nous ne croyons pas que, aujourd'hui, le progrès puisse être demandé à un surexhaussement de travail, attendu que, chez la classe agricole surtout, il est porté à sa plus grande extension. Et si ces beaux docteurs du libre-échange n'étaient venus en ce monde que pour en demander une surcharge, nous leur ferions la petite histoire que voici :

Avant 1789, il y avait dans chaque village un seigneur dont le confesseur (le prêtre) disait au peuple : Travaillez ! (afin que le seigneur m'invite à sa table). Et le peuple travaillait. Et le seigneur et le prêtre banquetaient.... banquetaient tant qu'un jour la Révolution vint jeter la table en l'air, et les convives à la porte.

Or, aujourd'hui, les industriels ont pour prêtres les libre-échangistes...

CHAPITRE VI.

Le libre-échange en France, étant de tous points opposé à la classe agricole, de beaucoup la plus nombreuse, est donc une doctrine anti-nationale. Et je ne suis pas surpris que dès longtemps, on ait reproché aux libres-échangistes de n'être que des agents soudoyés de l'étranger, de l'Angleterre surtout. Je ne suis point surpris de cela. Mais ce qui me surprend, c'est de voir que les Républicains sont aujourd'hui, en partie au moins, libres-échangistes. Ils ne se doutent pas du tort que, par là, ils causent à la République. Comment ! vous ne voyez pas que, puisque le libre-échange est contre les intérêts agricoles, les agriculteurs seront contre vous, et comme ils sont les plus nombreux, dans les élections ils ne voteront pas pour vous, et vous n'aurez jamais la majorité, et la République ne sera jamais faite. Et vous ne voyez pas cela ! Ah ! vos ennemis le voient, eux. Et soyez sûrs qu'aux prochaines élections le libre-échange sera le principal grief dont ils se serviront pour écarter de vous les campagnes et les ramener à eux.

Je vous engage à y prendre garde.

Encore une fois, faisons de la liberté

politique toujours, mais de la liberté économique jamais.

I.

Vous m'allez dire, mais pourquoi adopter l'une et rejeter l'autre ? — Pourquoi ? par une simple raison. Il faut adopter la liberté politique parce que l'homme est partout le même. Il faut rejeter la liberté économique parce que la production n'est pas la même nulle part (1), et surtout parce que tout peuple n'est pas également producteur, en quantité ni qualité. Si bien que, par exemple, si la France, grâce à la liberté du commerce et alléchée par le haut prix de l'étranger, laissait écouler ses blés, elle mourrait de faim. Ou si elle avait reçu en échange des denrées de seconde nécessité, de l'argent même, cela serait sans valeur pour elle, puisqu'il lui faudrait racheter à plus haut prix qu'elle n'aurait vendu, d'où la ruine. Cela d'ailleurs est de l'*a b c* économique. et je suis vraiment surpris que des hommes de sens se refusent à l'admettre.

Ah ! sans doute, je sais que. en flattant le libre-échange, on flatte le commerce et l'industrie, et les ouvriers qu'ils emploient,

(1) Nous ne pouvons pas répéter ici les raisons que nous avons déjà données sur ce sujet dans un autre travail. (Chez Lachaud, éditeur. Paris, 1870.)

que par la même raison on flatte les villes
qui la plupart vivent d'industrie et de
commerce, et que, par là, on réussit à se
faire élire représentant du peuple. C'est
même là qu'est le secret de cette prétendue
instruction qu'on se plaît à reconnaître aux
villes. Air connu : ....*Hé ! bonjour messieurs
des corbeaux ! Que vous êtes jolis, que vous
nous semblez beaux*....

Mais, encore une fois, ce n'est pas d'industrie et de commerce que vivent les nations ; ce ne sont là que les simples accessoires, les serviteurs de l'agriculture. Car,
en définitive, et en remontant aux principes, l'agriculture dût-elle gratter la terre
avec ses ongles, qu'à toute force elle vivrait
encore, tandis que l'industrie et le commerce auraient beau gratter le fond de
leur boutique, ils n'en sauraient tirer une
bouchée de pain.

Quand donc vous, Républicains, vous n'a-
vez en vue que l'intérêt du commerce, que
l'intérêt de l'industrie, que l'intérêt des
villes je vous dis que vous êtes, par le fait,
hors la nation....

II.

Ah ! je sais encore ce que vous poursui-
vez. Vous vous dites : Par le libre-échange

nous arrivons à la féodalité industrielle, et qu'un jour — cela se voit déjà — celle-ci entrant en lutte avec l'aristocratie terrienne, elles se détruiront l'une l'autre et feront ainsi place nette à la République.

Le calcul serait habile s'il devait aboutir. Mais aboutira-t-il ? et quand ?

D'abord, pour que ces deux féodalités se détruisissent, il faudrait qu'elles fussent de force égale, et, sachez-le, la féodalité terrienne fiinira toujours par l'emporter, parce qu'elle repose sur le fonds principal de la nation ; tandis que l'autre, ne reposant que sur un fonds éphémère, n'a jamais eu, en effet, qu'une durée pareille. Ainsi donc, cette lutte, sur laquelle vous comptez, aboutirait certainement, soit à la résorption de l'aristocratie industrielle par l'aristocratie terrienne, ou à la transformation de la première au profit de la seconde. Et cela d'autant plus que, comme je l'ai dit tout à l'heure, si vous persistez dans vos doctrines économiques, vous finirez par vous aliéner complètement les populations agricoles.

Je vous dis que là est l'écueil où vous vous briserez.

Et puis je suppose que la République se fasse comme vous l'espérez : après, que feriez-vous ? Ou vous décréteriez le *cours forcé* du libre-échange, ce qui ne ferait qu'avouer la mise à sec de la nation ; ou vous renieriez votre drapeau, et alors vous tomberiez sous la révolte de ceux que vous auriez prétendu émanciper.

Voilà ce qui vous attend.

III.

Croyez-moi, il est encore temps. — Napoléon (le grand) disait qu'une armée n'est forte que si elle a la nation derrière elle. De même la République ne peut réussir que si elle entraîne avec elle la nation, ou au moins la majorité. Et je vous répète que vous ne l'entraînerez pas avec le libre-échange.

RÉPUBLIQUE PROTECTIONNISTE ! vous dis-je. Sans cela, rien. Sans cela, scission toujours plus prononcée entre Paris et la province, entre les villes et les campagnes ; et, conséquence dernière et plus triste ; les deux camps, se séparant, laissent ainsi la place libre à une réédification monarchique.

Les républicains, ô aveugles, devenus les premiers pourvoyeurs du trône !

Décembre 69–Février 72.

DEUX MOTS

I.

On demandait à Alexandre : A qui laisserez-vous l'empire? Au plus digne, répondit-il. Entendant par là, sans doute, le plus fort de bras, de tête ou de cœur.

Or, je suppose qu'Alexandre règne aujourd'hui en France, qu'il voie autour de lui Napoléon III, le comte de Paris, le comte de Chambord, d'Aumale, et qu'on lui fasse la même question...

Tenez, n'entrons pas dans un pareil sujet. Alexandre eut détourné les regards d'un pareil entourage. Et la France l'accepte! La France est une prostituée qui fait son choix du premier venu.

II.

Le 15 août 1870, je me trouvais avec un *vieux de la vieille* sur la route de Bar-le-

Duc, quand vinrent à passer des cavaliers du corps de Mac-Mahon battant en retraite. Mon homme pâlit tout-à-coup et s'arrêta. Comment ! dit-il, ils repousseraient nos Français ! Voilà comme Napoléon III sait faire la guerre ! Oh ! si son oncle est là-haut qui le regarde, il lui dit : Va-t-en, maladroit !....

III.

Maladroit, en effet. Le premier maladroit de l'éternité.

Mais qui nous dit que les autres ne le sont pas autant ? Qu'a fait jamais d'Orléans ? Rien. Bourbon ? rien. Que sont-ils capables de faire ? Rien. D'Orléans $\times$ Chambord $=$ Napoléon III. Faites fondre ensemble cette belle trinité, je vous défie d'en tirer un homme.

Et c'est parmi de tels pantins qu'on veut choisir un roi ! C'est dans cette pacotille monarchique qu'on veut chercher le plus digne.

Malheur ! Malheur !...

IV.

Qu'on le sache. Il n'y a, aujourd'hui, qu'un monarque possible en France. Ce serait l'homme qui, les armes à la main, nous délivrerait de l'étranger. Un égal du premier consul ou de nos généraux de la République. Celui-là pourrait encore prétendre au trône et s'y maintenir.

Mais les autres, qu'ils s'en aillent. Et si absolument, ils tiennent à *garder* quelque chose, qu'ils gardent leurs pareils.

I.

Petit monarque : petite nation.

II.

Dans la monarchie, cela est fatal, la nation ne doit pas même atteindre au niveau du monarque. Si elle y atteignait ou le dépassait, le monarque étant, dès lors, éclipsé, il faudrait qu'il tombât. Il faut donc, pour se rendre possible, qu'il abaisse continuellement la nation, qu'il en comprime le génie et la force. Et de fait, consultons l'histoire des peuples monarchiques, nous verrons que, chez eux, plus le monarque est faible, plus ils le deviennent.

Que si, au contraire, le monarque est un

homme supérieur, comme alors il n'a pas à craindre la concurrence, loin d'éloigner le génie, il l'appelle à lui ; sachant le découvrir, il l'élève, et la nation s'élève en même temps. Voyez, par exemple, Henri IV avec Sully, Louis XIV avec Colbert, Condé, Turenne, Molière, etc. etc., Napoléon Ier avec ses lieutenants et ses jurisconsultes. En un mot, dans la monarchie, c'est l'homme qui fait la nation, à l'inverse des Républiques, où c'est la nation qui fait l'homme. Exemple encore, Danton, Barrère, Prieur, Cambon, CARNOT, Marceau, Kléber, Jourdan, Masséna, etc. ; à Rome, les Scipion ; en Amérique, Lincoln, Grant, Sherman, Washington.

III.

Nous sommes donc certains d'une chose, c'est qu'aucun de ceux qui prétendent régner aujourd'hui en France n'est capable de *faire la nation*, et que par conséquent c'est à la République à *faire un homme*.

Avec Napoléon III, d'Orléans ou Bourbon, nous pourrions vivoter dans nos nouvelles frontières : quant à reprendre les anciennes, jamais !

I.

Mais, pour vouloir ainsi, sans preuve aucune de génie ou de force, régner en France, est-ce donc qu'on s'est rendu suffisamment compte de la situation ? Savez-vous seulement quel nom lui donner, à cette situation ? Non, et c'est déjà une preuve que ce que je cherche en vous n'y est pas. Vous êtes comme des enfants qui veulent soulever un poids sans l'avoir examiné.

Depuis un an, à la Chambre, on discute, on dispute, on s'insulte, puis... je serais bien embarrassé pour qualifier le reste. Quand on aura mis, si on réussit, une Majesté quelconque, on discutera, disputera, s'insultera, et le reste sera toujours aussi impossible à qualifier.

C'est qu'on est, à la Chambre, en dehors de la véritable question.

Il faut une fois pour toutes sortir de ces bas-fonds politiques où l'on patauge, et d'où s'élèvent ces miasmes brumeux, qui, en même temps qu'ils cachent la vraie lumière, menacent d'empester la nation.

La question donc n'est pas seulement politique, elle est surtout dogmatique, et universelle par conséquent.

Quelle est la signification de la guerre de

1870 ? c'est le triomphe du protestantisme
sur le catholicisme. Elle n'en a pas d'autre.
Et pourquoi la France a-t-elle été si tôt
vaincue ? C'est parce que l'idée ou dogme
catholique, qu'elle prétend spécialement
représenter, est une idée sans force, l'évé-
nement ne l'a que trop prouvé, une idée
morte. Oui! cette guerre signifie chute du
catholicisme, chute de la papauté, chute
de Rome. Belle réponse à la déclaration
d'infaillibilité !

Qu'est l'Europe aujourd'hui ? Gréco-
russe au nord, *protestante au* CENTRE :
catholique au midi ? non. L'Autriche est
prussienne, l'Italie prussienne, l'Espagne
prussienne, la France... hélas !

Nous avions déjà dit quelque part, avant
cette guerre, que « la Prusse, par un sem-
blant de réforme protestante ou constitu-
tionnelle, avait su prendre le pas sur les
nations catholiques. » C'est qu'en effet, le
protestantisme, nous le montrerons tout à
l'heure, est un progrès sur le catholicisme,
comme le républicanisme en est un sur le
protestantisme. Et nous ajoutions que
« pour que la loi du progrès reste à la
France, pour détruire l'influence de la
Prusse, il fallait que la France devînt
républicaine, que Napoléon III se proclamât
président de la République. » Mais Napoléon ne voulut pas entendre de cette oreille-

là. Je voudrais bien savoir aujourd'hui ce qu'il en pense, le pauvre homme.

Quoi qu'il en soit, j'ai dit que la situation aujourd'hui est plutôt dogmatique que politique. Est-ce que, en effet, on n'a pas déjà demandé le rétablissement du pape, est-ce que M. Thiers, lui-même, n'a pas dit aux catholiques qu'ils étaient 38 millions en France, est-ce qu'on n'a pas demandé l'intervention diplomatique en faveur du saint-siége, en attendant sans doute qu'on demande l'intervention directe? Pourquoi donc, dès lors, demandez-vous la restauration d'une monarchie, si ce n'est pas l'idée catholique qui vous y pousse?

Et comment, vous voulez, vous, catholicité brisée, catholicité anéantie, quand l'Italie est, de fait et d'idée, protestante, quand l'Espagne hérite de l'Italie, quand l'Autriche est vaincue, la France défaite, vous voulez déclarer la guerre au protestantisme partout triomphant? Vous êtes fous.

Il vous tient dans sa griffe, et ne vous lâchera pas. Il n'y a que la Révolution qui soit de force à lui briser les ongles.

Le protestantisme, dans ses projets, s'est aidé, pour l'abandonner ensuite, de la Révolution. Soyez tranquilles, la Révolution saura bien lui montrer qu'on ne se joue pas d'elle impunément. Il ne faut seulement, de votre côté, que la laisser faire.

Car si ce dogme, jusqu'à la proclamation de l'empire, est resté dans la donnée de l'histoire, dans le développement de l'esprit humain, dans la voie du progrès enfin, depuis, il a fait fausse route, il a retrogradé. L'Empire, je n'ai pas besoin de le dire, est le degré le plus opposé à la liberté. De deux choses l'une alors, ou il faut, pour retenir l'empire, que ce dogme musèle la liberté de l'Allemagne, ou l'Allemagne ne se laissera pas faire, et l'empire ne peut durer. Sans compter qu'il y a encore cette autre conséquence que, si le peuple allemand se laissait confisquer sa liberté, c'est qu'il serait devenu un peuple faible et dont par conséquent il serait facile d'avoir raison, si même il ne tombait par sa propre faiblesse.

Le protestantisme a donc fait un empire impossible, mais fort, quant à présent, et qu'il serait imprudent d'attaquer avant que la République, ou la Révolution, comme on voudra, n'ait rendu à la France la vie, la force qu'elle a perdue dans ses luttes pour ces puérilités monarchiques qui ont nom Louis XVIII, Charles X, Louis-Philippe, Napoléon III.

Car ceux qui, jadis comme aujourd'hui, ont fait le plus de mal à la France, ce ne sont pas les étrangers, non ! ce sont, et qu'ils soient de bonne foi ou autrement, peu importe, puisqu'ils n'en font pas moins le mal, ceux qui lui ont fait le plus de mal, disons-nous, ce sont les monarchistes, les prêtres. On dirait que ces hommes ont vécu pour ne rien voir ni savoir. Combien de fois, en 1849 et plus tard, ne leur a-t-on pas dit qu'en faisant l'empire, ils perdaient la France ? Combien de fois, avant la déclaration d'infaillibilité, n'a-t-on pas dit au clergé qu'il se perdait ? Tout est arrivé cependant. Et aujourd'hui encore on leur dit : en voulant rétablir la monarchie vous allez nous mettre plus bas encore que nous ne sommes. — Et ils travaillent à la monarchie.

Et vous me direz que ces hommes méritent aucun ménagement ! Comment, des imbéciles ou des coquins — il n'y a pas pour eux d'autre nom — compromettront, perdront la nation, et nous, républicains, il nous faudra les laisser faire et nous taire! Comment, par vos compétitions monarchiques vous nous affaiblirez à ce point que l'étranger n'a qu'à étendre la main pour nous prendre, et lorsque nous nous permettrons d'humbles avertissements on nous répondra par Cayenne et la fusillade! Ah ! si les balles allaient au cœur des vrais coupables, la race n'en serait pas si floris-

sante, et la nation le serait un peu plus.
Il faut choisir en effet, je le répète, entre
une nation forte avec la République, et une
nation languissante avec la monarchie,
entre la Rome républicaine et la Rome
impériale, entre le nouveau et l'ancien
monde, entre la France de 89 et de 92, et
celle de Louis XV et de Napoléon III.

Vous dites, mais la République a été
essayée et elle ne dure pas. — Il serait
bien étonnant qu'elle durât, quand trois
partis monarchiques, et surtout l'étranger,
s'unissent pour la combattre.

Vous dites, et la Terreur? et la Commune? — La Terreur! si vous n'aviez pas
conspiré contre la République, si surtout
vous n'étiez pas allé ameuter l'étranger et
combattre avec lui contre votre propre
pays, la Terreur n'eût pas eu lieu. — Si
vous aviez accepté franchement la République, il n'y aurait pas eu de Commune.
La réaction ultra-monarchique fait l'action
ultra-républicaine.

Vous dites, est-ce qu'on n'est pas libre
de son opinion? — Maxime usée. C'est
comme si vous disiez que devant la lumière on est libre de répandre les ténèbres. Avec la monarchie, oui, vous êtes
libres de vouloir d'Orléans, Bourbon ou
Bonaparte. Et c'est avec cette liberté-là
que vous nous avez fait une si belle France.

Devant la République, nul n'est libre d'avoir d'autre opinion que la République. La République est le droit, elle veut le bien de tous. Si vous voulez nier le droit ou le bien public, alors vous êtes un monstre. Sortez de la République.

Vous dites encore : Mais qu'a jamais fait la République ? — Malheureux ! alors que les émigrés de France, nobles et prêtres, conspiraient, comme je viens de le dire, et se battaient pour l'étranger, elle repoussait les Prussiens à Valmy, battait les Autrichiens à Jemmapes et à Fleurus, les Russes à Zurich : Anglais, Espagnols, Napolitains, toute l'Europe enfin était contre elle, et elle était victorieuse de toute l'Europe.

Avez-vous une monarchie qui en ait fait autant ?...

II.

Mais, est-ce donc seulement par les faits que la République se prouve ? Ne se prouve-t-elle pas surtout par la science politique ?

Des représentants disaient dernièrement à la tribune qu'ils ne voulaient pas faire de la métaphysique politique, il faut bien en faire cependant, puisque, encore qu'ils soient forcés dans leurs retranchements, les monarchistes ne veulent pas s'avouer vaincus. — L'hydre a la vie dure.

D'abord nous dirons aux monarchistes :
vous ne pouvez pas nier qu'il y ait une
science politique, puisque, vous surtout,
qui tenez tant à administrer et à gouverner,
ce serait vous faire passer pour des char-
latans : et, si vous admettez cette science,
vous devez admettre en même temps que,
comme toutes les sciences, elle est égale
pour tous, doit profiter à tous, et que tous,
en un mot, y ont le même droit que vous,
à peine, cette fois encore, de passer pour
des égoïstes. Ainsi donc vous admettez
et ne pouvez d'ailleurs faire autrement, la
science politique.

C'est tout ce qu'il nous faut. La République est prouvée.

Mais continuons.

Les monarchistes, pour établir leur principe, s'y prennent de cette façon.

Ils disent : dans chaque famille, il y a un
chef naturel, le père, comme qui dirait le
roi de la famille. Or, l'humanité n'étant
qu'une seule et même famille, il doit y
avoir un chef, roi, pape ou empereur pour
la gouverner.

Ou bien ils disent encore : Dieu existe,
seul chef, seul roi de l'univers. Ceux qui
sont au-dessous de lui par conséquent,
qui régissent une portion de cet univers,
sont ses représentants et, au même titre

que lui, des rois. — Absolument comme un grain de blé qui, d'abord entier, et ensuite séparé en morceaux, est toujours de la même farine.

Si bien que, de par la loi naturelle, comme par la divine, le monarchisme est, selon eux, *un droit qui conclut tout droit.*

Tel n'est point notre avis. De ces deux principes, en effet, l'un est faux, et l'autre manque de solidité.

Ce n'est pas que, quand vous dites que le père de la famille en est le chef, le roi, je refuse de vous l'accorder. Cela résulte de la loi naturelle elle-même. Il ne peut y avoir de doute là-dessus. Mais précisément, si c'est la loi naturelle qui fait que l'individu est chef, roi, parce qu'il est père, là s'arrête cette loi, la royauté dès lors n'a pas plus d'étendue que la paternité, et dès l'instant que vous n'êtes plus mon père, vous n'êtes plus mon chef, mon roi. Et vous ne pouvez pas, de la royauté familiale, royauté particulière, limitée à la famille, absolument circonscrite en elle, faire la base d'une royauté générale, parce que, encore une fois, au bout de la famille la nature cesse. Voici à côté l'un de l'autre deux pères de famille, chacun est bien chef, roi de la sienne, mais là s'arrête leur droit, leur pouvoir, parce que s'ils voulaient l'outre-passer, ils devraient entreprendre sur la famille, sur la royauté voisine. Ainsi donc tombe, au point de vue de la loi naturelle, le principe monarchique. Vous avez dans un Etat un nombre quelconque de royautés particulières, soit. Mais vous ne pouvez pas leur donner un roi général, puisqu'il faudrait qu'il fût le père de tous ces rois particuliers-là. — Salomon lui-même n'y eût pas suffi.

Votre premier principe, encore une fois, est faux.

Voyons l'autre. J'ai dit qu'il manquait de solidité.

Vous dites : Dieu existe. Qu'en savez-vous ? Et que sais-je, moi, s'il n'existe pas? Avant de dire s'il existe ou n'existe pas, il faudrait le prouver. Et qui le prouvera jamais ? Personne. Vous ne pouvez donc prendre, pour étayer votre principe, une base dont vous n'êtes pas sûr.

Je dis donc que, soit par la loi naturelle, soit par la loi divine, vous ne pouvez rien apporter en faveur d'un principe monarchique quelconque.

Voudrez-vous maintenant l'appuyer sur la loi sociale? Ce serait dangereux à vous. Car si vous acceptiez la loi sociale, il faudrait en même temps accepter, dans sa formation, l'intervention de la raison. Et vous savez que la raison, au point de vue de la société, c'est l'égalité, c'est-à-dire le rejet absolu de toute royauté, de toute autorité même.

Nous touchons naturellement au principe républicain. Il s'explique en deux mots : Si les moutons n'étaient pas des moutons, ils n'auraient pas besoin de berger pour les conduire. De même, si les hommes savaient se gouverner, ils n'auraient besoin de personne pour le faire. Ou du moins, si absolument il faut un gouvernement dans une nation, les citoyens qui la composent CHOISIRAIENT celui d'entre eux qu'ils jugeraient le plus propre à cet emploi. Ils lui DONNERAIENT POUVOIR de gouverner, ce qui signifie qu'il devrait gouverner selon la volonté de chacun, ou tout au moins de la majorité de la nation. Révocable s'il trahissait *son mandat, et dans tous les cas devant remettre le pouvoir au bout du temps fixé au moment* de l'élection, etc. Tout cela est assez connu d'ailleurs, et n'a besoin d'être si souvent rappelé que parce que trop de gens ont besoin de berger.

En un mot, le principe républicain est celui-ci : Que les hommes, égaux en naissant, sont égaux dans la vie ; que, étant égaux, ils ont le même droit, qu'ils ont un droit égal à l'exercice de ce droit : que, dès qu'il s'agit du gouvernement, ce gouvernement ne peut être qu'un composé du droit

de chacun ; et que, dès qu'il s'agit de con-
fier ce gouvernement à un ou plusieurs
individus, ces un ou plusieurs individus
ne sont simplement que les dépositaires
et représentants du droit de chacun, chargés
de le conserver et exécuter dans toute son
étendue et ne pouvant, en aucun cas, l'outre-passer ni l'amoindrir.

Voilà la véritable doctrine gouvernemen-
tale. Il n'y en a pas d'autres. Ou, s'il y en
a, elles sont fausses.

Le principe républicain est le seul juste,
puisqu'il est l'expression de la volonté de
tous ou tout au moins de la majorité ; le
plus fort, puisqu'il s'appuie sur la nation,
le seul acceptable, puisqu'il tire sa preuve
directement de l'humanité même, de l'individu, de l'homme, de quelque chose que
nous voyons et connaissons, à l'inverse du
principe monarchique, qui met sa preuve
dans la loi naturelle familiale, que nous
avons reconnue lui être contraire, ou en
Dieu, que nous ne voyons ni ne connaissons, dont nous ne pouvons rien savoir
que par la raison qui conclut elle-même
contre la monarchie.

Cependant les monarchistes élèvent une
objection. Ils disent, si absolument c'est
de la volonté de la nation que dépend le
gouvernement, elle pourrait vouloir la monarchie sans qu'on pût s'y opposer. Oui

sans doute, et c'est avec des raisonnements
de ce genre qu'on légitimait, par exemple,
le second empire. Il avait été élu deux fois,
en 52 et 1870 par la grande majorité de la
nation : donc, disait-on, il doit être accepté. Mais, il n'y a là, comme on va le
voir, que le plus grossier et effronté so-
phisme.

Otez la société, et l'homme, à l'instant
peut faire ce qu'il veut, le bien, le mal, ou
plutôt il n'y a plus ni bien, ni mal, puisque, la société disparaissant, il n'y a plus
de loi. La distinction du bien et du mal,
la loi, résulte donc de la société, de la
raison sociale, de la science sociale, qui
veut que nul ne nuise à autrui et récipro-
quement. Eh bien, dès lors que vous admettez, et il le faut bien, dans la société,
la distinction du bien et du mal, la science
de la loi, c'est-à-dire que vous défendez à
l'individu de faire ce qu'il veut, pourquoi
donc, lorsqu'il s'agit du gouvernement, qui
n'est, dans sa vraie acception, que le représentant de la société, pourquoi donc,
dis-je, dans ce cas-là, rejetteriez-vous la
science politique? Et là aussi, la distinction du bien et du mal étant faite, pourquoi
donc permettriez-vous à l'individu, à la
nation, de choisir une forme de gouvernement fausse, mauvaise, tandis que la vraie,
la bonne est connue?

Non, cela n'est pas possible. Vous ne
pouvez davantage admettre qu'une nation,
connaissant la science politique — et il
faut la lui faire connaître — choisisse et
et préfère une mauvaise forme de gouver-
ment, que vous n'admettriez qu'un homme,
dès qu'il connaît la justice et la loi, puisse
être injuste, viole la loi.

III.

Ainsi donc, le simple examen, la moindre critique des principes monarchiques
nous conduit au principe républicain. Et
il faut bien qu'il en soit ainsi, puisque, en
cela nous ne faisons que suivre le développement de l'esprit humain.

L'esprit humain, je parle bien entendu
au point de vue qui nous occupe, se dé-
veloppe en quatre degrés bien distincts,
l'absolutisme, le CONSTITUTIONNALISME, le
RÉPUBLICANISME, l'**égalité.**

Les trois premiers parfaitement acces-
sibles et réalisables, le quatrième accessi-
ble aussi, mais à l'idée seulement, jamais
au fait.

Le 1er, absolutisme ou droit divin, n'a
qu'un défaut, c'est, nous l'avons vu, de
manquer de preuves. Produit brut de l'ins-

tinct, s'il s'impose, c'est par la force. C'est de la barbarie.

Le 2ᵉ, constitutionnalisme (protestantisme), ou droit divin et humain, est un mélange de toutes les couleurs sans en avoir une qui lui soit propre. Cependant il est déjà un échappement de la barbarie et une tendance à la civilisation.

Le 3ᵉ, républicanisme ou droit humain, est la civilisation s'affirmant avec la seule condition restrictive imposée en toute chose à la perfectibilité humaine.

Le 4ᵉ, égalité ou droit extra-humain, est la civilisation supérieure, complète, c'est-à-dire impossible.

Telle est l'inévitable gradation, telles sont les quatre étapes que l'esprit humain, dans sa recherche du progrès, ou simplement par le développement naturel du progrès lui-même, rencontre sur sa route.

Comme il importe que ceci soit compris des plus simples intelligences, nous allons l'expliquer par des signes.

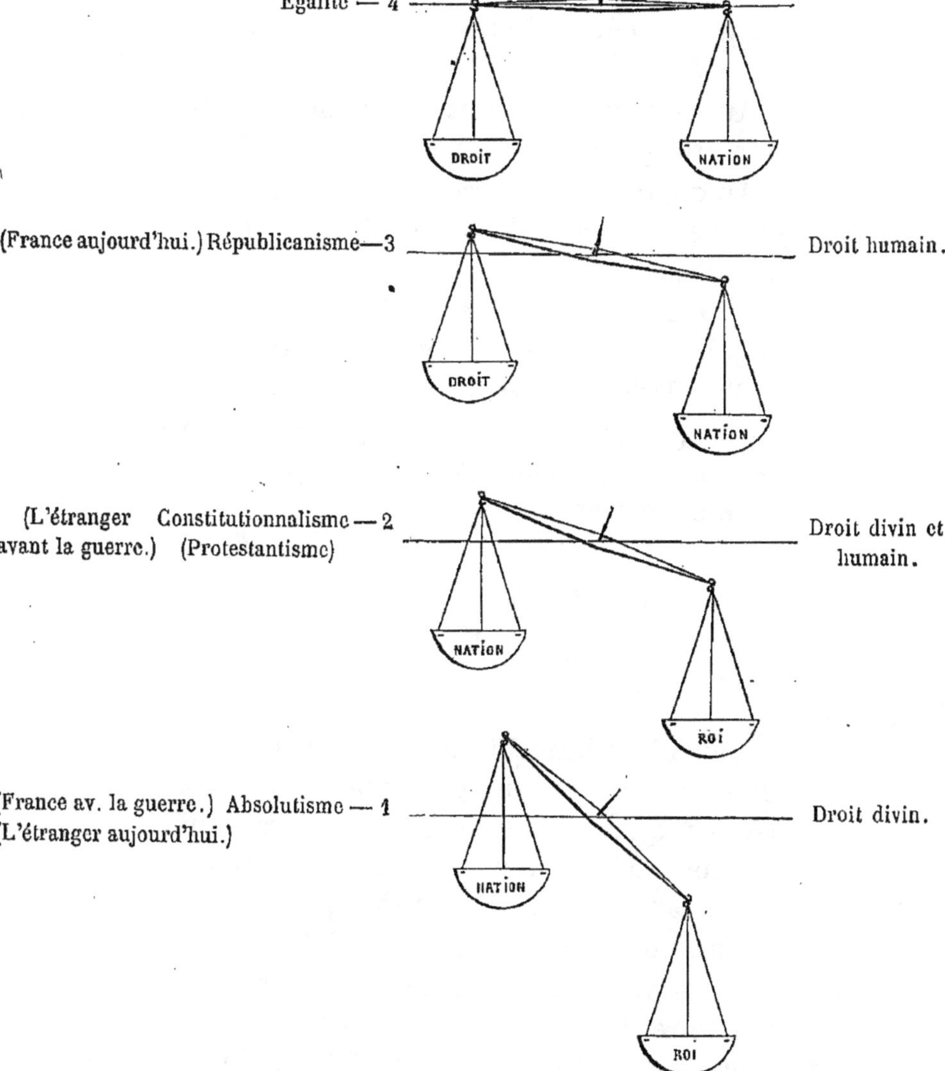

Egalité — 4
DROIT
NATION
(France aujourd'hui.) Républicanisme—3
Droit humain.
DROIT
NATION
(L'étranger Constitutionnalisme — 2
avant la guerre.) (Protestantisme)
Droit divin et
humain.
NATION
ROI
(France av. la guerre.) Absolutisme — 1
(L'étranger aujourd'hui.)
Droit divin.
NATION
ROI

Dans le premier degré le roi emporte la nation ;

Au second, la nation fait déjà contre-poids au roi ;

Au troisième, le droit fait monter la nation presque à son niveau ;

Au quatrième, ils sont en équilibre. Mais je répète que le troisième est le dernier qui puisse jamais être atteint.

— L'étranger est descendu au plus bas degré, la France est montée de deux.

C'est l'idée qui fait l'homme ; ce sont les idées qui font les nations : que la France se conserve où elle est, et l'étranger, dans l'avenir, est vaincu.

IV.

Venez maintenant, monarchistes, nous dire en vertu de quel droit vous prétendez régner, quand nous vous mettons au défi de montrer un seul principe qu'on ne puisse à l'instant renverser, de produire une seule raison que nous ne puissions détruire.

Vous vous appuyez sur des faits ? Et, l'histoire à la main, nous vous avons montré que, malgré son peu de durée, la République l'emportait sur vous. Vous citez des noms ? nous pourrions vous en opposer d'égaux ou de supérieurs. Là n'est pas la question : il s'agit de savoir qui, au nom des principes, a tort ou raison. Et là, encore une fois, vous êtes certains d'essuyer de continuelles défaites.

Vous dites : mais comment se fait-il, si la raison et le droit sont seuls du côté de la République, que la France ait vécu quinze siècles avec la monarchie ? — Parbleu, la terre eut été toujours dans le chaos et les ténèbres, si la lumière enfin n'eût été faite; les hommes se fussent continuellement nourris d'herbe et de racines, s'ils n'avaient vu enfin que le blé était préférable. Oh ! certainement, quinze siècles écoulés ne feront pas dire de la France, ni de l'Europe d'ailleurs, ce qu'on dit de certaines personnes, qu'elles ont été trop précoces. Mais à qui la faute ? A vous.

Et voyez, si vous aviez voulu suivre le mouvement donné en 89-92, la France, que vous avez forcée au recul, n'eût pas été prise et broyée sous la roue du progrès. Le protestantisme n'aurait pas sa raison d'être. Car la raison d'être de ce dogme — et les Américains y furent pris eux-mêmes — c'est qu'il apparaît, et est en effet, comme l'exécuteur des nations catholiques et de l'Eglise romaine. Et cette Eglise étant partout connue comme l'adversaire ou plutôt l'ennemie irréconciliable de la liberté, les coups que le protestantisme lui a portés dans la personne de sa fille aînée la France — comme on l'appelait — ont pu le faire passer pour un ami de la liberté.

Oh ! il est bien avantageux pour les filles d'avoir de pareilles mères.

Quoi qu'il en soit, l'œuvre du protestantisme a donc pu paraître comme l'œuvre, non pas continuée mais reprise, de la Révolution française. Le développement de l'esprit humain étant partout le même et tel que nous l'avons vu, et ce dogme se trouvant placé au second degré tandis que la France se trouvait, par l'empire, refoulée au premier, on a pu se tromper sur la signification de ses succès.

Mais l'illusion aura bientôt passé. Et les Américains et les Allemands, qui nous raillaient parce que nous avions laissé faire l'empire en 52, voilà qu'ils se sont laissé prendre au même piége !...

Allons, allons ! la France, il y a bientôt un siècle, avait ouvert le chemin, elle attendait des pionniers des autres nations : nul n'est venu. — Depuis, il semblait que, chez nos voisins, les esprits s'élevaient, les idées fermentaient, que les bras se préparaient à déblayer la voie abandonnée. Et par eux, au contraire, voilà l'Europe reculée de six siècles... Allons, allons, vous n'êtes, ne futes et ne serez jamais que des enfants.

Et nous, fils dégénérés, mais héritiers pourtant des géants de 92, nous vous dirons, si nous sommes tombés, c'est en essayant d'élever l'Europe : vous ne vous élevez qu'en l'abaissant. .   .   .   .

.   .   .   .

Et vous, monarchistes de France, complices, involontaires ou autrement, des triomphes de l'étranger, barbares inférieurs même au barbare, vous qui vous imaginiez avoir tracé à l'humanité son code définitif, et qui, immobiles au milieu du monde qui marche, semblez lui vouloir dire encore, tu n'iras pas plus loin ! Vous l'avez arrêté, en effet, il ne nous reste plus qu'à pleurer sur les ruines de notre nation.

Qu'en avez-vous fait de cette France ? Vous en avez fait une espèce d'empire turc. Nous allions soutenir la Turquie contre la Russie, il faudra qu'on nous soutienne (1) contre la Prusse. Le Dieu des chrétiens est devenu l'égal de Mahomet, il ne se révèle plus que par son impuissance. Nos prêtres vont nous prêcher la

____

(1) Sous prétexte d'équilibre européen, la Russie, l'Angleterre... pourront venir à notre aide, mais la plus intéressée serait l'Amérique, à qui l'immigration croissante des Allemands doit déjà donner à réfléchir.

résignation, comme là-bas on prêche la fatalité. Un peuple qui se résigne ainsi est un peuple mort...

Voilà votre œuvre. Oui, tous tant que vous êtes, légitimistes, orléanistes, impérialistes, prêtres, vous qui depuis soixante ans, avez voulu sauver la France, vous n'en avez fait qu'un cadavre. Vous l'avez tuée... ses ennemis, c'est vous : ses fléaux, c'est vous ! ses assassins, c'est vous ! Vous vous prétendez des hommes d'ordre, et, par vos restaurations tour à tour bourbonniennes ou orléanistes, par votre coopération surtout à l'élection et réélection de Napoléon III, vous nous avez jetés dans le plus effroyable désordre. Hommes ineptes, sans caractère, sans idée : clergé imbécile, aristocratie et bourgeoisie idiotes, paysannerie ignorante mais innocente, badauds enfin de tous les vieux partis, arrière ! Cachez-vous, cachez vos noms, car, si l'histoire s'en emparait, ce serait pour les vouer à l'exécration universelle ! Hélas ! l'histoire, vous n'y échapperez pas, et, lorsqu'elle jugera vos actes, lorsqu'elle sondera vos consciences, elle n'aura qu'un mot, mais terrible, elle dira de vous : Ces hommes ont été la honte de leur nation...

LES PRINCIPES DONNÉS.

Reste-t-il en France assez de force et de sens pour en

opérer l'application ; et à quoi elle doit aboutir.

I.

La France est un chaos. Chaos sombre, profond, inextricable, vertigineux. Tous les éléments y sont confondus et en ébullition. Les mêmes hommes, comme les protectionnistes qui sont monarchistes, et les républicains qui sont libres-échangistes, portent en eux les moyens de conservation et de destruction, d'ordre et de désordre. C'est comme une mer soulevée par tous les vents, dont les flots se heurtent et se brisent, où les navires sont comme les flots, et où tout vole en écume et en débris.

Que sortira-t-il de là ?

Est-il possible que quelqu'un sur ce

chaos vienne prononcer le *fiat lux ?* ou faut-il dire, au contraire, tout est perdu ?

Tout est perdu ! — En France, chacun raisonne selon sa naissance, son tempérament, sa manière d'être, selon ce qu'il est ou devient. On se prend et on se donne volontiers pour type. Quelqu'un, par exemple, réussit-il ? il croit que tout le monde doit réussir. Echoue-t-il ? Il croit que tout le monde doit succomber. Et voyez, en effet : Ceux qui disent aujourd'hui que tout est perdu sont précisément ceux qui n'ont jamais rien su ni pu faire. — Ce roi de Sparte, apparemment, n'était pas de leur espèce : Quelqu'un aussi disait devant lui, tout est perdu : — « J'en avais déjà, répondit-il, autant entendu dire à mon grand-père, qui en avait entendu dire autant au sien. »

Revenons à la France. Si nous examinons son histoire, un fait nous frappe, clair, précis, palpable et indéniable. C'est que, dans ses succès comme dans ses revers, cette nation n'a jamais eu de suite ; et que, aussi elle a été tour à tour tout ou rien. Dans son passé sans exemple, et c'est surtout pour la France que le passé est l'enseignement de l'avenir, dans son passé, disons-nous, elle ne sait jamais se tenir sur une ligne moyenne : elle est au-dessus ou au-dessous. Elle atteint aux plus hautes

cimes, ou roule au plus profond du gouffre.
Tout en haut ou tout en bas. — Elle est
poète cette France, il lui faut du sublime.
Le médiocre l'ennuie. Le beau, l'éclat, le
grand, voilà sa loi. Briser les obstacles,
gravir les pentes abruptes, monter, monter
pour arriver au suprême degré, voilà son
rêve, rêve souvent réalisé, où elle échoua
souvent aussi. Quoi d'étonnant? Vous avez
vu des individus, dans les arts, dans l'industrie, aux champs, en qui l'ardeur au travail,
l'idée de l'œuvre finie, faisait oublier de
réparer leurs forces. Ils tombaient, épuisés,
avant la tâche accomplie. Telle est la France.
Sans consulter, sans réparer ses forces.
elle va.... jusqu'à ce qu'elle arrive ou
tombe.

Eh bien, la France aujourd'hui est tom-
bée. Elle est à plat, brisée, disloquée, en
poudre. Et puis? est-ce à dire qu'elle soit
finie......

..... Les sols les plus bouleversés peuvent devenir les plus féconds......

II.

Nous avons vu que chez les mêmes
hommes se rencontraient les éléments
de conservation et de destruction. Ils ne
font en cela que suivre la loi de la nature.

Mais si parfois la conservation est impuissante devant la destruction, on ne niera pas que chez l'individu, chez l'homme, ce qui domine en général, c'est non-seulement l'instinct, mais la loi, l'intelligence de la conservation. Tant de folies qu'il fasse, tant de déboires qu'il essuie, tant de découragements qui l'assaillent, ce qui l'emporte encore chez lui, c'est de se crampronner au sort présent, dans l'espoir de le voir finir bientôt. Absolument comme l'ivrogne qui, toujours prêt à tomber, met ce qui lui reste de force à se tenir debout. Cela pourrait s'appeler le retour de la réflexion à travers les ruines éparpillées de l'inconscience.

Quoi qu'il en soit, et donnez-lui le nom que vous voudrez, c'est là la loi certaine, l'état intime de l'individu : — d'où suit que ce doit être aussi l'état intime de la nation ; et que, quelque divisée, agitée, bouleversée qu'elle soit ou paraisse, elle se rencontre toujours en un même point, celui de se conserver.

Ceci acquis, ou peut dire qu'il n'est pas plus difficile — ou au moins pas plus impossible — de refaire une nation que de la défaire. D'autant que les matériaux sont toujours là, et, à quelques écornures près, toujours les mêmes. Seulement il faut un architecte.

*

III.

Nous sommes tout à fait en bas : donnez-nous l'oncle de l'imbécile neveu, et demain *la grande nation redevient la première du monde.* Et demain Bismark rentre dans Berlin, si même il ne fuyait jusqu'à Pétersbourg.

IV.

Je sais qu'il est certaines écoles politique et économiques qui nient ces vérités. Leurs représentants n'ont rien tant à cœur que de repousser, comme ils disent, le culte des grands hommes. Cela leur porte ombrage. Les nains sont jaloux des géants. Et voyez comme leurs cervelles sont joliment montées. Tandis qu'ils ne voudraient pas entendre parler d'un conquérant qui serait peut-être un despote mais nous rendrait nos frontières : — si Bismark nous les prend, *c'est un homme habile,* si les Prussiens nous battent, *ils sont plus avancés que nous ; c'est une nation qui* GRANDIT. Ainsi ils admettent la grandeur, mais chez nos voisins et à nos dépens. Pour nous et

aux dépens de nos voisins, point. Louis
XIV, Napoléon, horreur que tout cela.
Despotes. Les vainqueurs de Rosbach et
de Sedan, à la bonne heure ! Voilà de vé-
ritables grands hommes ! — Et dire qu'il y
a en France des raisonneurs de cette
force.....

Pour être conséquents et suivre jusqu'au
bout leur honorable système, non-seulement ils devraient crier : vive l'étranger !
mais aussi vive Louis XV et Pompadour,
vive Napoléon III et de Failly !

Je sais bien qu'ils vont me dire qu'ils ne
veulent pas plus de Louis XV et de Napoléon III que de Louis XIV et de Napoléon
Ier. — Alors que voulez-vous, la République ? Bien. Et moi aussi. Mais la République n'exclut pas le sens commun. Et si
vous reniez ceux-ci, vous ne devez pas
admirer Frédéric, Guillaume et Bismark,
qui sont juste républicains comme le grand
Turc.

Et puis, qui donc a fait la France ? Sans
remonter si loin, n'est-ce pas Louis XIV,
la République, Napoléon ? Royauté, empire
ou République, est-ce que la question,
sinon pour la conquête au moins pour
notre conservation, n'est pas toujours la
même : la question du sabre ? Si ceux de
92 n'avaient eu que des sermons à adresser à l'étranger, est-ce que leur République

eût fini autrement que celle du 4 septembre?
Mais aujourd'hui que vos sottes doctrines
ont porté leurs fruits, aujourd'hui que, en
abaissant les hommes de votre pays, vous
avez surhaussé ceux de l'étranger, est-ce
que vous n'êtes pas obligés de convenir
que pour refaire la France il faut des ca-
nons, des fusils, des soldats, et SURTOUT
QUELQU'UN (et que sera ce quelqu'un si ce
n'est un grand homme?) pour les comman-
der? Ah ! c'est quand vous êtes pris que
vous commencez à voir clair. C'est quand
vous voyez où nous a conduits votre peti-
tesse, que vous sentez le prix de la grandeur. Imbéciles !

V.

Sans doute il faut avoir pitié de pareils
fous. Et c'est leur faire trop d'honneur que
de leur répondre. Mais ils sont assez nombreux, et, du moment qu'ils s'érigent en
école, il faut les signaler à l'attention publique. Ce sont ces politiques de ménage
dont la vue s'étend juste à la limite de
l'intérieur, et ne voient pas le trou que
pratique au mur l'étranger qui veut y pé-
nétrer. D'ailleurs ils ne veulent plus
(même aujourd'hui) de frontières entre les

peuples. — Voilà pourquoi sans doute ils admirent qu'on nous les prenne, et maudissent les conquérants qui les ont défendues.

Hélas oui ! il faut maudire les conquérants : mais c'est à condition qu'il n'y en ait plus ailleurs : — car enfin vaut-il mieux conquérir qu'être conquis ? être, comme on dit, le boucher que le veau ? Oui, on peut ouvrir son poulailler — mais quand il n'y a pas de renards dans le voisinage.

Que faire aujourd'hui. La monarchie, nous l'avons vu, est condamnée en principe, et d'ailleurs elle n'a pas un *homme* à nous présenter ; elle ne peut racheter par la valeur du sujet la non-valeur de l'institution.

La République libre-échangiste aboutirait à l'absurde. Et aussi bien elle est impossible.

Ce qui reste à faire, donc : c'est la RÉPUBLIQUE PROTECTIONNISTE.

TABLE DES MATIÈRES.

Typographie Pessez et C°. — Vitry-le-François (Marne).